# DIESES BUCH GEHÖRT:

## LENA

**Das ist die Königsfamilie. Weißt du, wie der Prinz und die Prinzessin aussehen? Dann male sie dazu!**

**Zeichne die Gesichter dieser Königinnen und Könige und male die Bilder bunt aus.**

Verwende die Sticker hinten im Buch

und schmücke die Kronen mit bunten Edelsteinen.

**Jedem Prinz seine Prinzessin!**
**Zeichne für jeden Prinzen eine passende Prinzessin.**

**Verziere die Kleider dieser schönen Prinzessinnen**

**mit den abgebildeten Mustern.**

**Schneide aus dem Bastelpapier ein Schloss aus und klebe es hier ein.**

Wie das geht, siehst du auf der letzten Seite deines Buchs.

Auf dieser Seite brauchst du Rosa!
Benutze möglichst unterschiedliche Malstifte.

**Hier siehst du zwei Edelfrauen. Male die Dame auf der linken Seite bunt aus und schmücke den Hut der anderen Dame mithilfe der Sticker. Ideen dafür findest du auf der letzten Seite dieses Buchs.**

**Fülle den Brunnen mit Wasser und zeichne ein,
wie es von oben hinunterfließt.**

**Male die Gesichter der Prinzessinnen fertig. Verwende dazu auf der linken Seite Filzstifte und auf der rechten Seite Buntstifte.**

**Male die angefangenen Muster fertig und verziere so den ganzen Schlossgarten.**

**Entferne mit einem Korrekturstift die Flecken aus den Kleidern.**

Hier siehst du Prinzessinnen aus aller Welt. Schneide die Kleider auf der Bastelseite hinten im Buch aus und ziehe sie an.

Stelle dir vor, was die Prinzessin und die Hexe im Spiegel sehen, und male es hinein.

**Male das Prinzessinnenzimmer bunt an, damit es noch schöner wird.**

**Diese Schmucksteine nennt man Kameen.
Gib den Damen auf den Kameen Gesichter und zeichne auch das
Gesicht der schönen Prinzessin, die diese Schmucksteine trägt.**

37

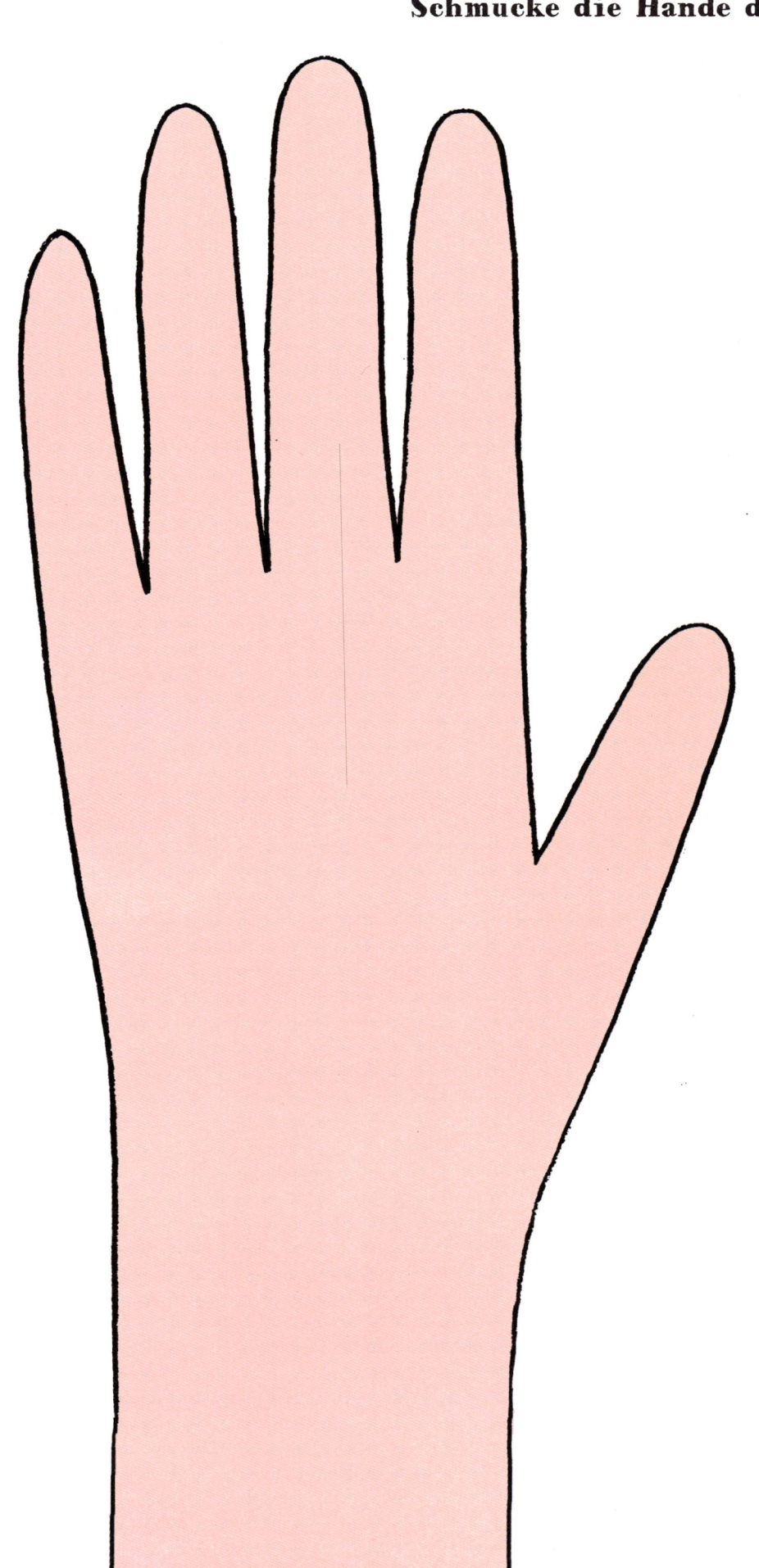

**Schmücke die Hände der Prinzessin**

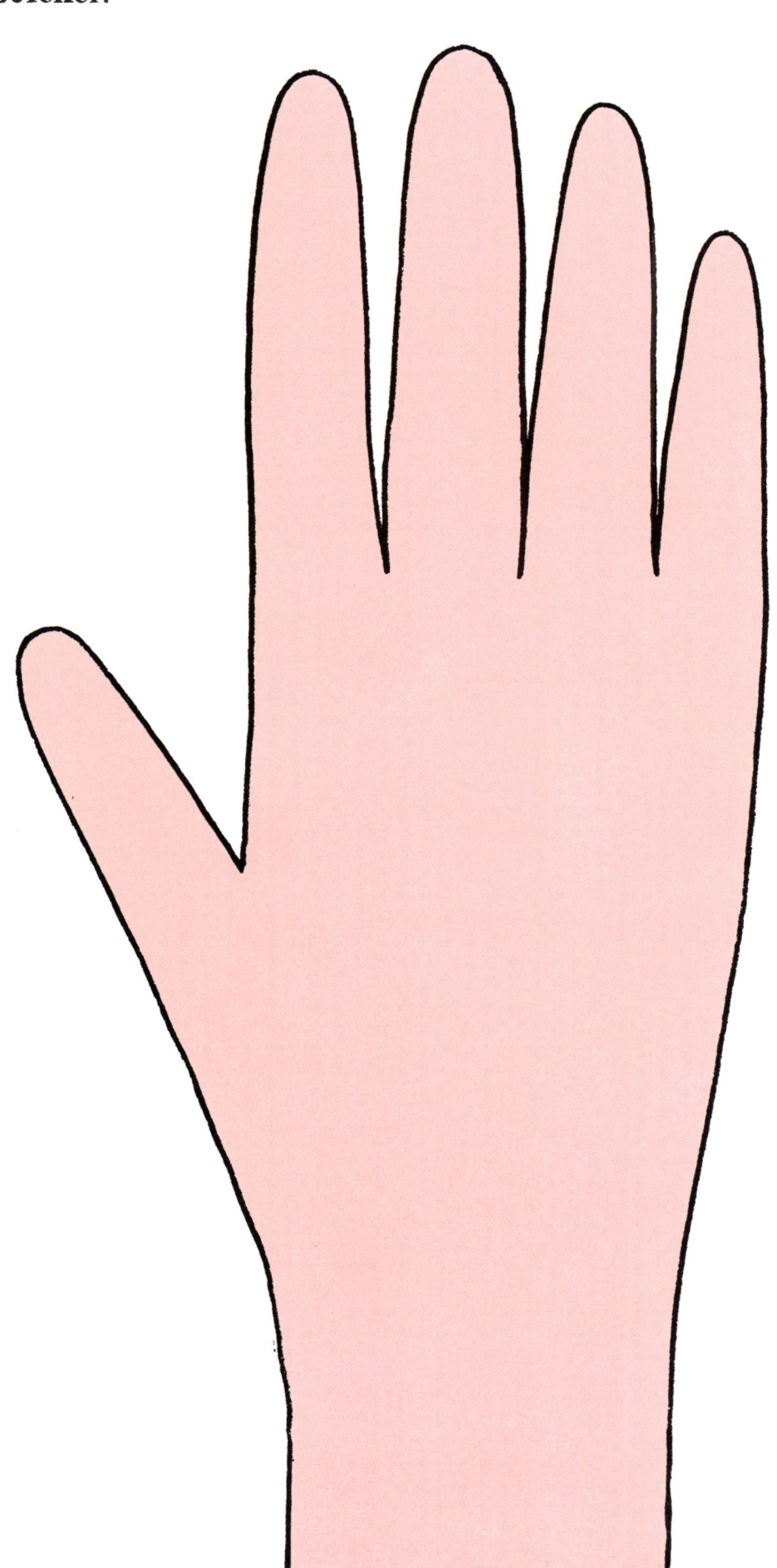

mithilfe der Sticker.

**Verwende einen schwarzen Filzstift und verwandle die Farbkleckse in Vögel, die von der Prinzessin freigelassen werden. Dafür sind nur wenige Striche nötig!**

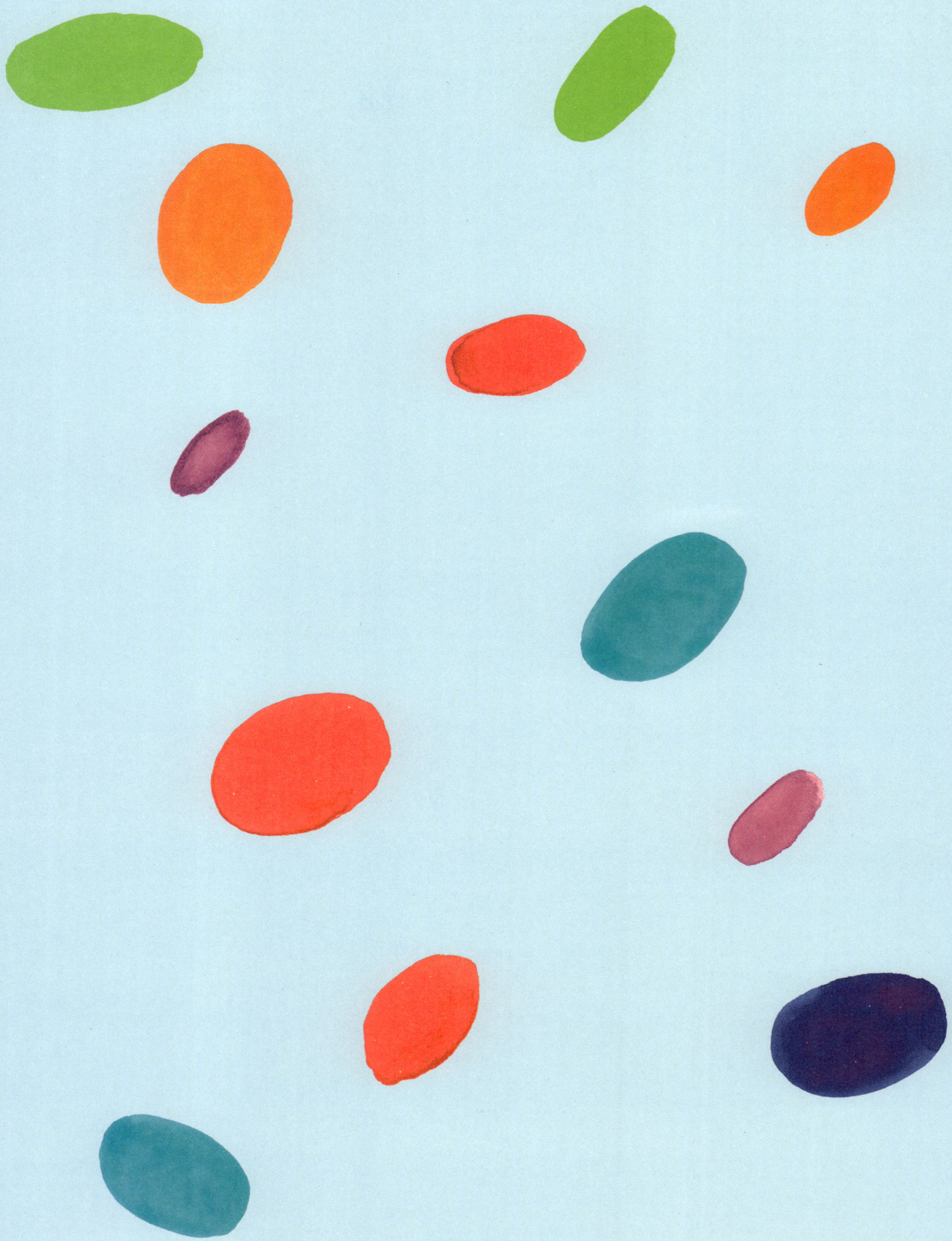

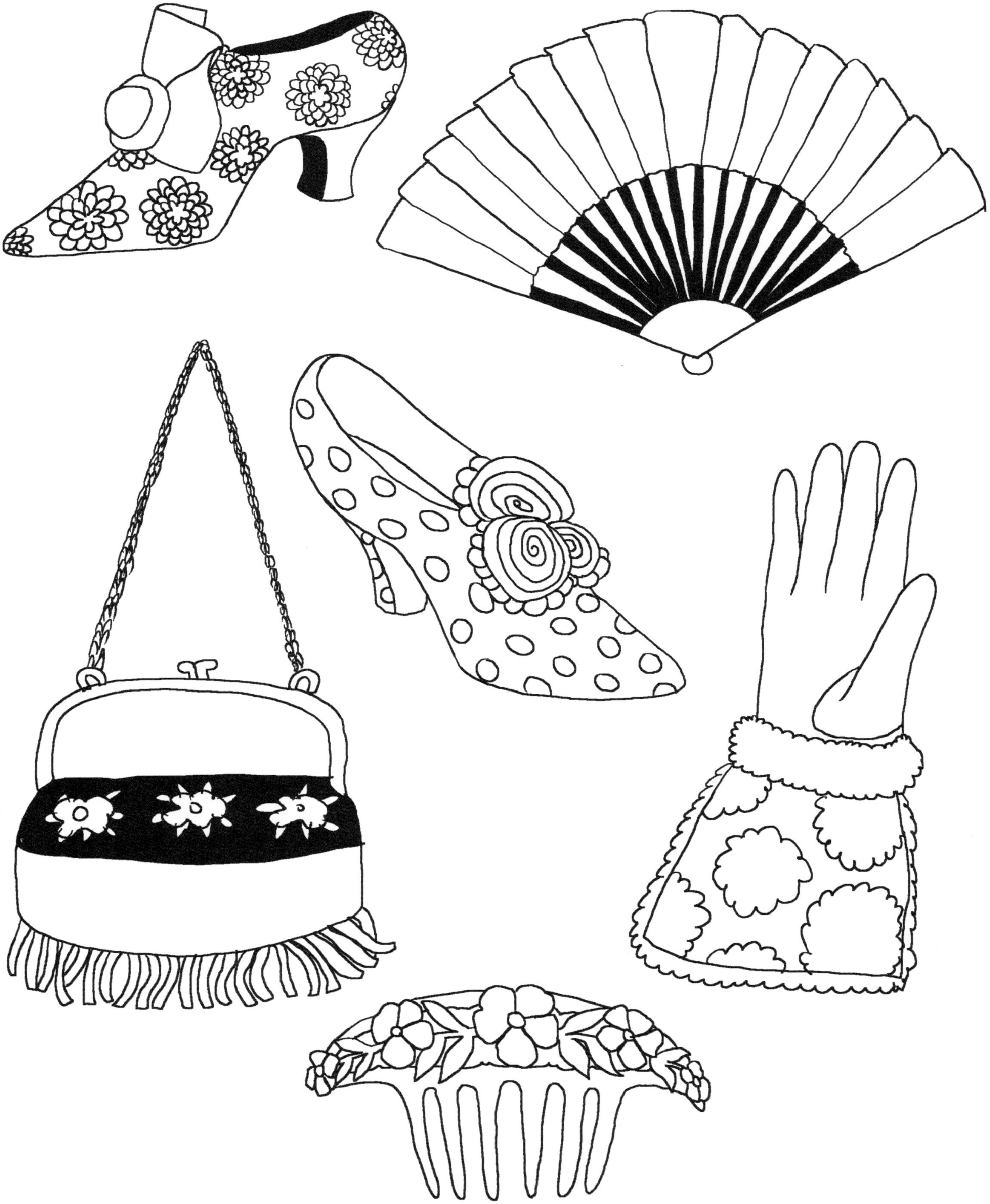

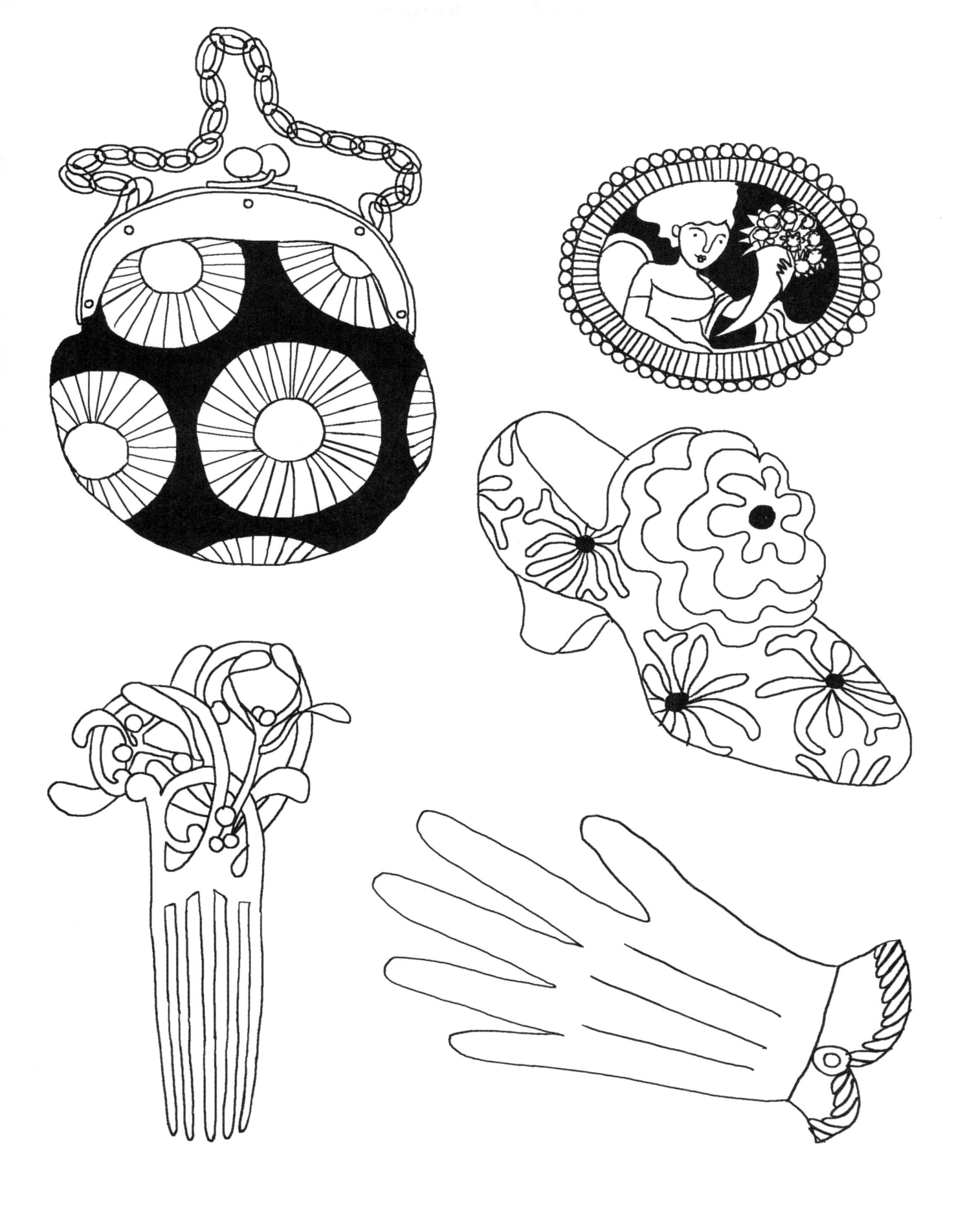

**Male die Sachen der Prinzessin bunt an.**

43

**Male die Köpfe, auf denen diese Kronen sitzen.**

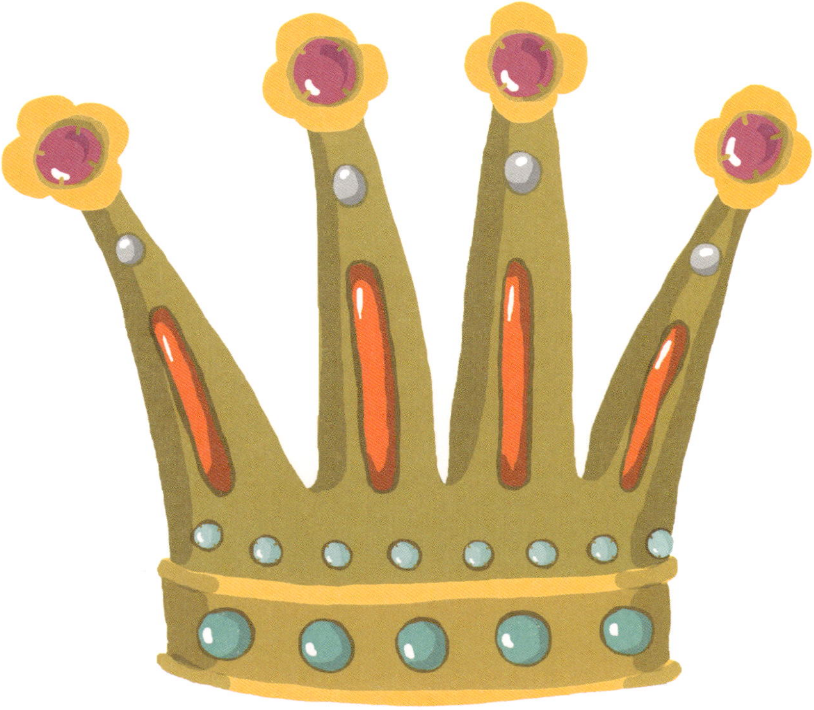

Verschönere das Schloss mit den Fenstern, die du auf der

**Bastelseite hinten im Buch ausschneiden kannst.**

**Rot**             **Blau**

**Male die Kleider jeder Prinzessin in ihrer Lieblingsfarbe aus.**

**Rosa**  **Grün**

**Fülle die Schmuckschatulle mithilfe der Sticker. Welche Schmuckstücke trägt die Prinzessin? Du kannst sie außerdem auch schminken!**

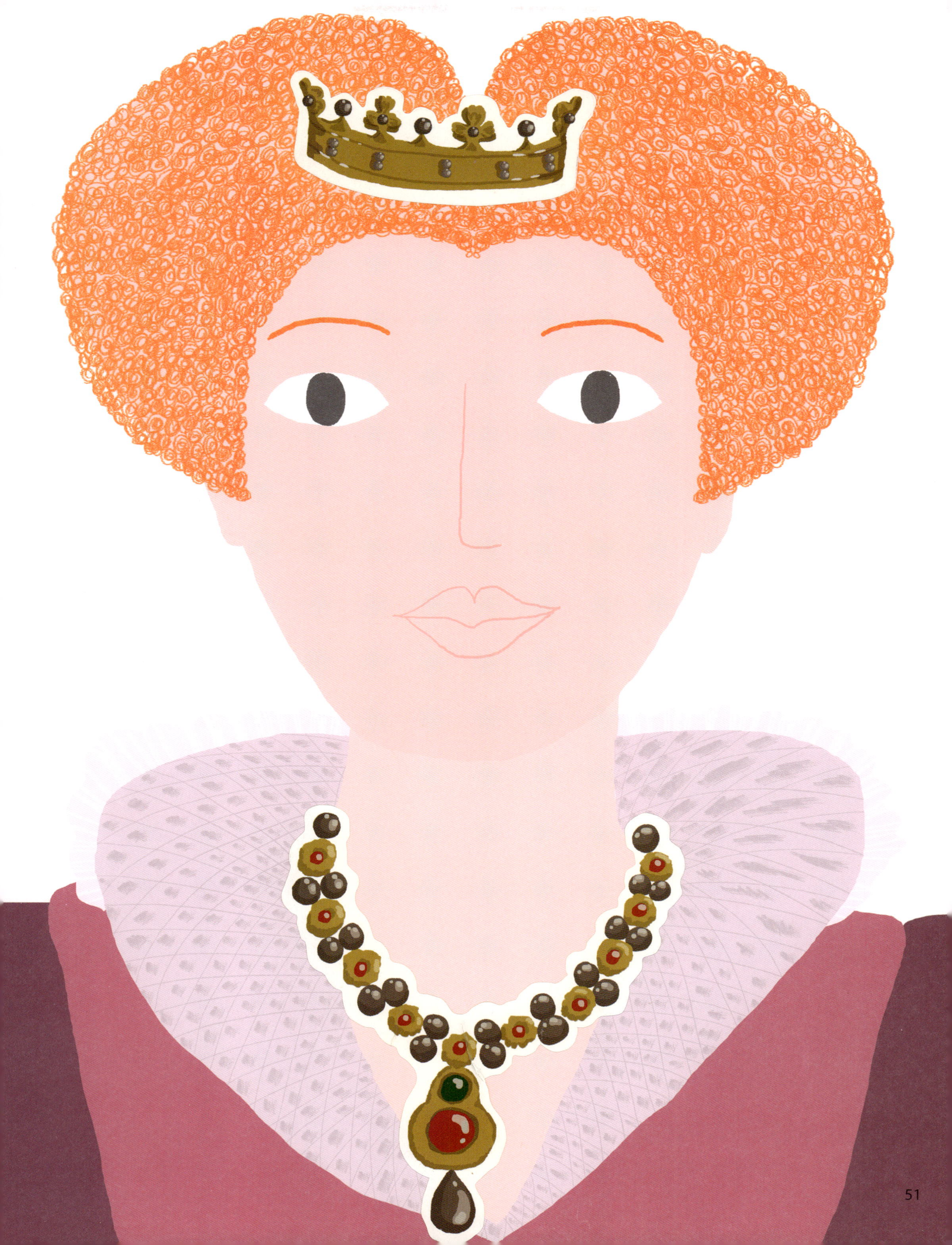

**Hier siehst du den Herzkönig.**

**Male seine Herzdame!**

Dieses Festbankett sieht sicher noch verlockender aus,

wenn du es bunt ausmalst.

**Weißt du, was die Prinzessin ihrem Märchenprinzen und ihrer besten Freundin schickt? Schreibe oder male die Briefe und verziere sie mit einem Siegel aus Stickern.**

*Mein lieber Prinz,*

Meine liebe Freundin,

**Dieses Pferd wartet brav auf seine Kutsche. Schneide aus der Bastelseite hinten im Buch eine Kutsche aus und klebe sie ein.**

59

**Richte das Schloss mithilfe der Sticker ein.**

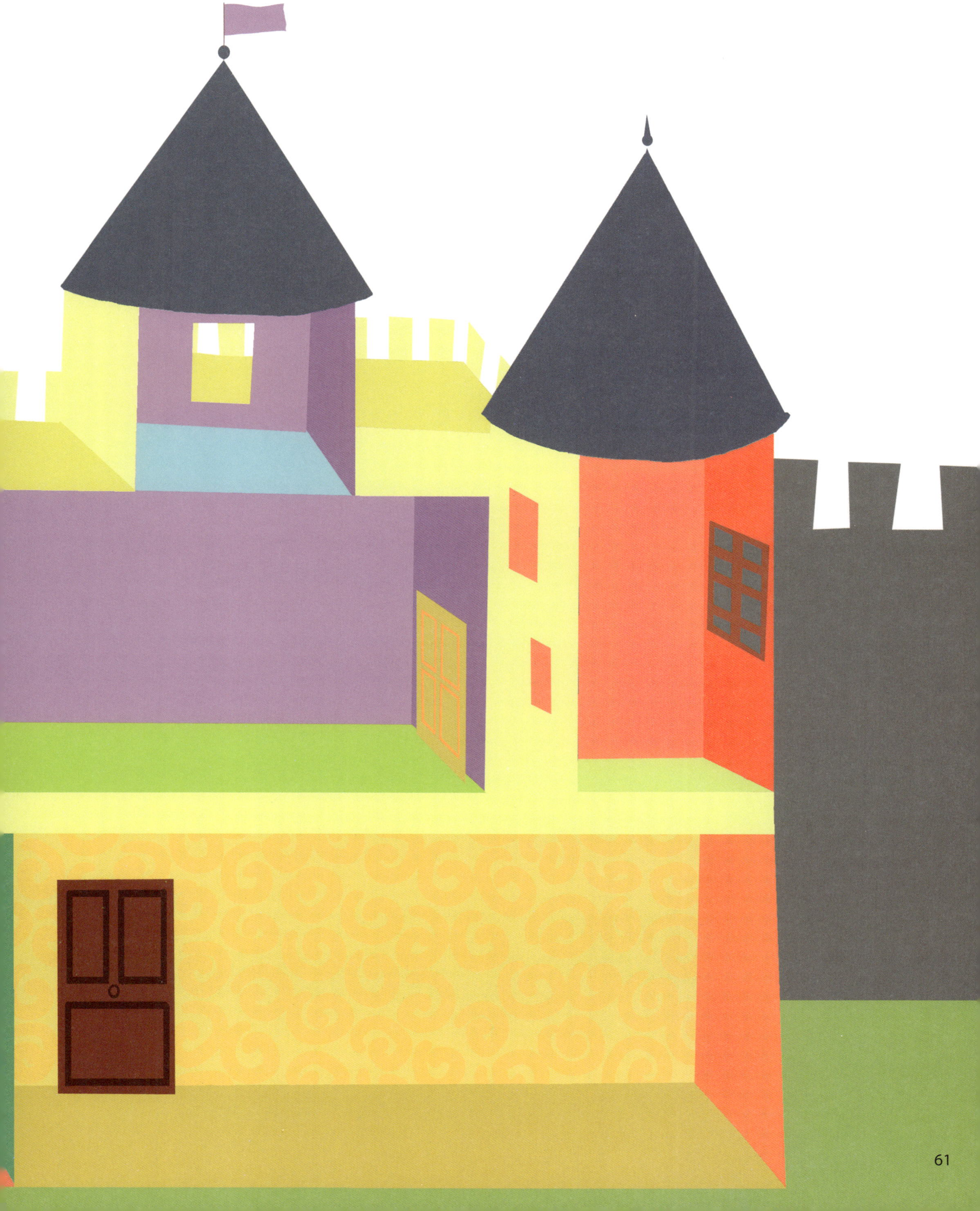

**Male die beiden Prinzessinnen bunt aus und zeichne ihre Gesichter.**

63

Schreibe deinen Vornamen

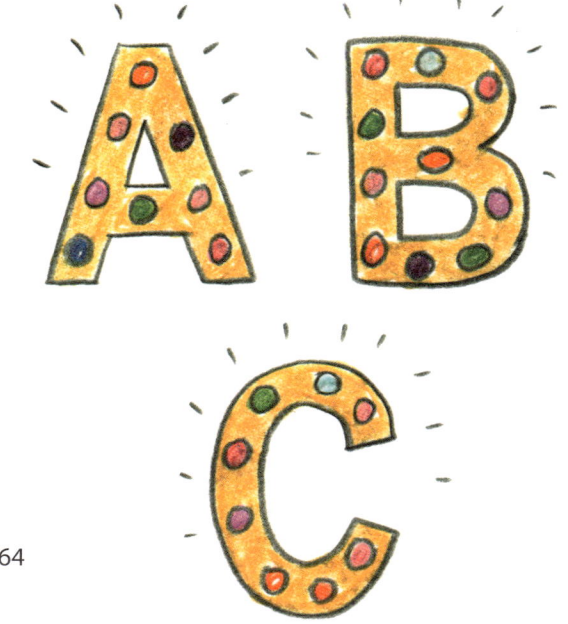

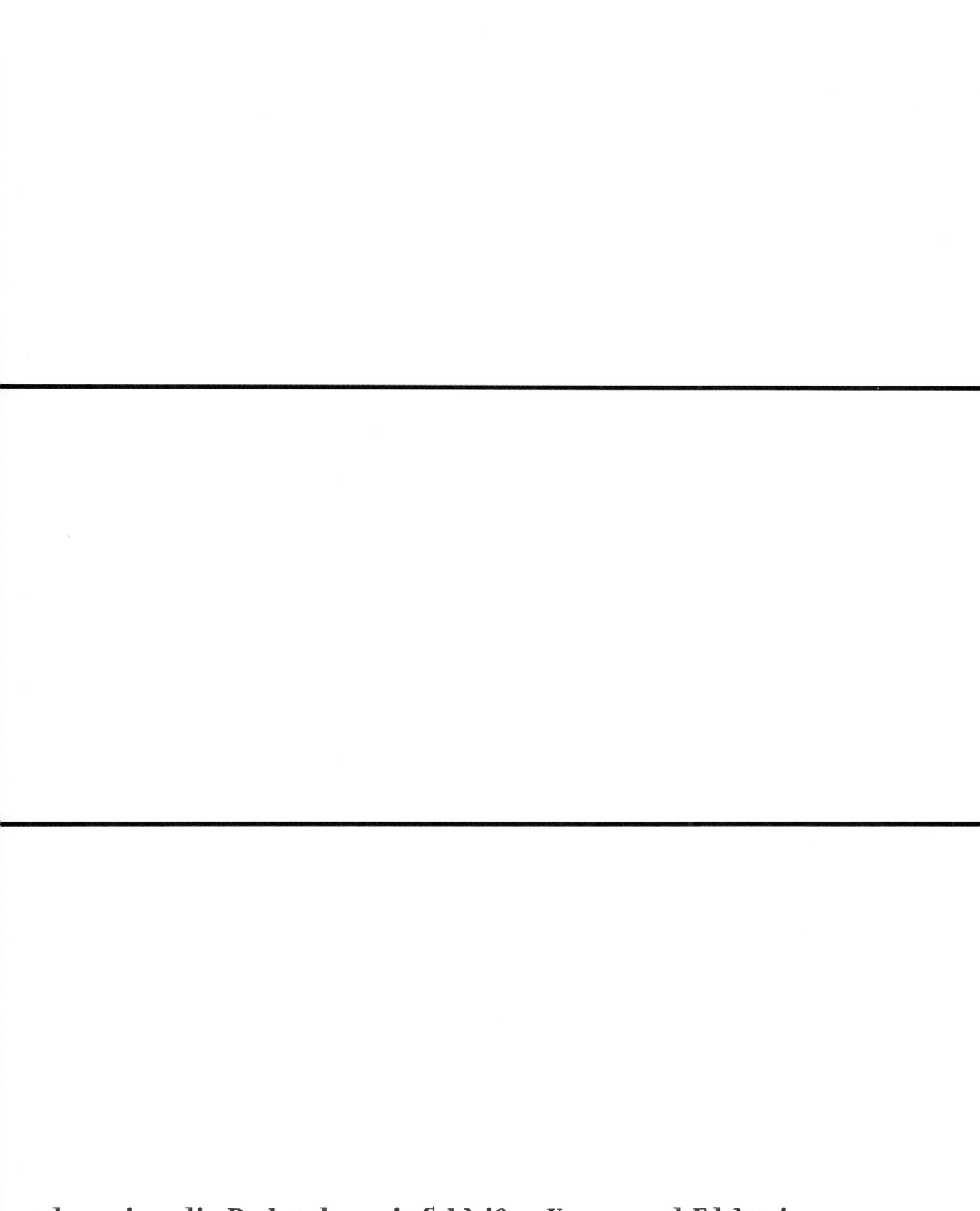

und verziere die Buchstaben mit Schleifen, Kronen und Edelsteinen.

**Die Tiere der Prinzessin haben ihre Federn und ihr Fell verloren. Kannst du ihnen helfen?**

67

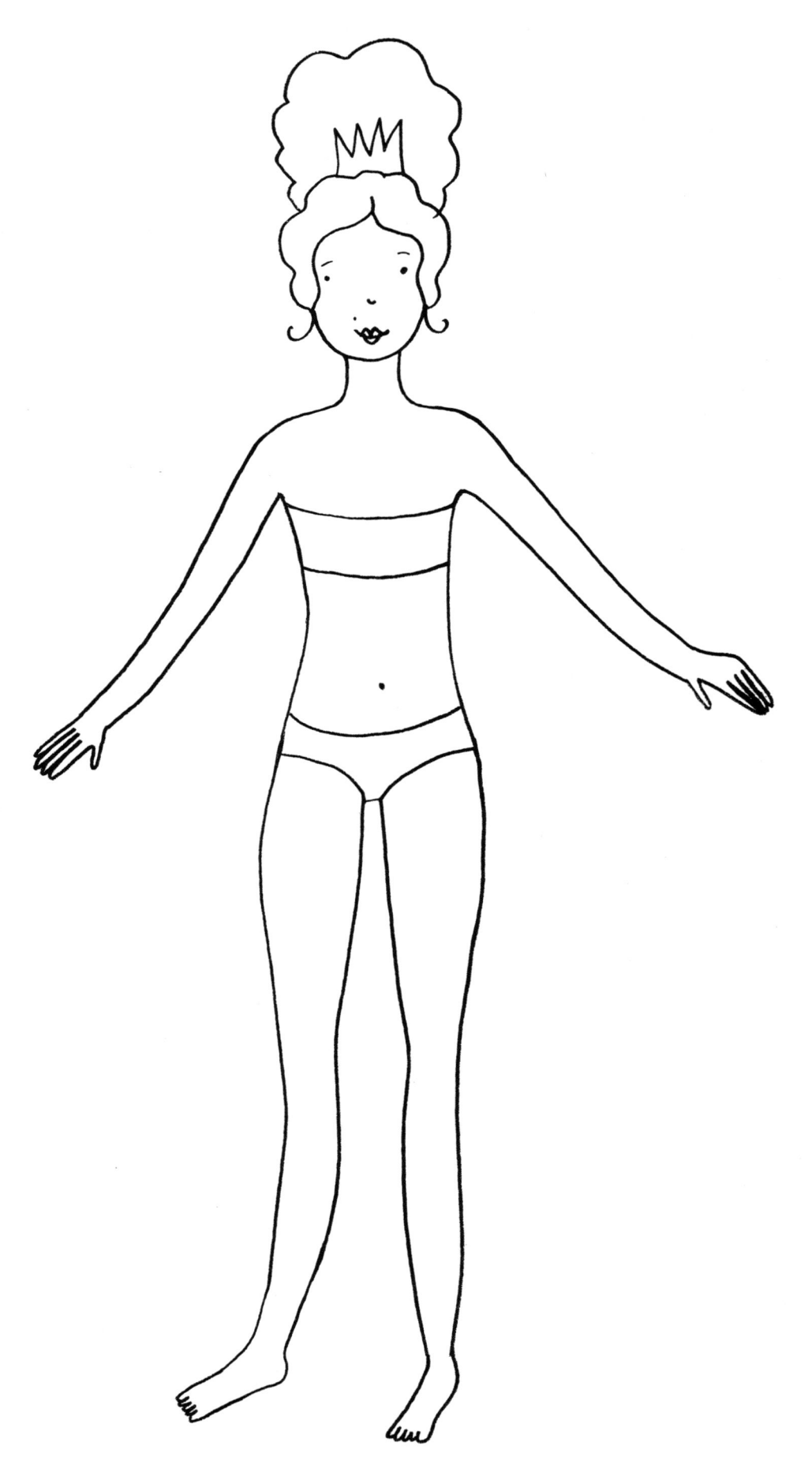

68 **Entwerfe aus den Schnittbögen hinten im Buch schöne Kleider.**

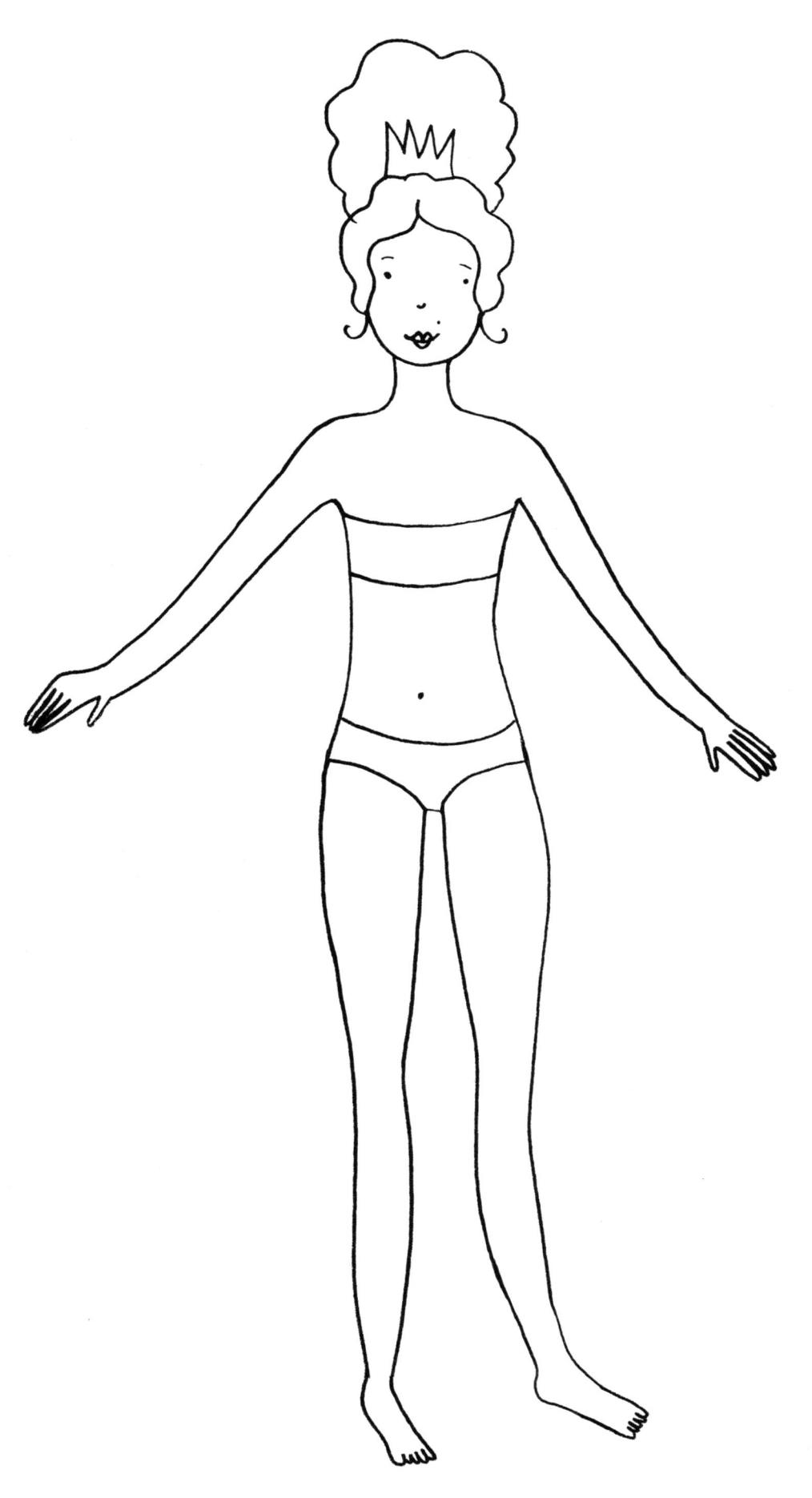

**Ideen dafür findest du auf der letzten Seite dieses Buchs.**

**Die Kleider dieser Prinzessinnen haben viele verschiedene Muster. Welche Farben könnten sie haben?**

71

**Male ein Bild von dir als Prinzessin.**

Illustration und Text: Emmanuelle Teyras; Übersetzung: Dagmar Fischer;
Satz und Covergestaltung: GrafikwerkFreiburg; Redaktion: Susanne Weisser
Copyright © (2009) Mango Jeunesse, Paris
Rechte der deutschen Ausgabe: © 2012 Christophorus Verlag GmbH & Co. KG, Freiburg i. Br.
www.christophorus-verlag.de
ISBN 978-3-8411-0125-9; Art.-Nr. VB110125

**Seite 60-61**

**Seite 56-57**

Seite 8-9

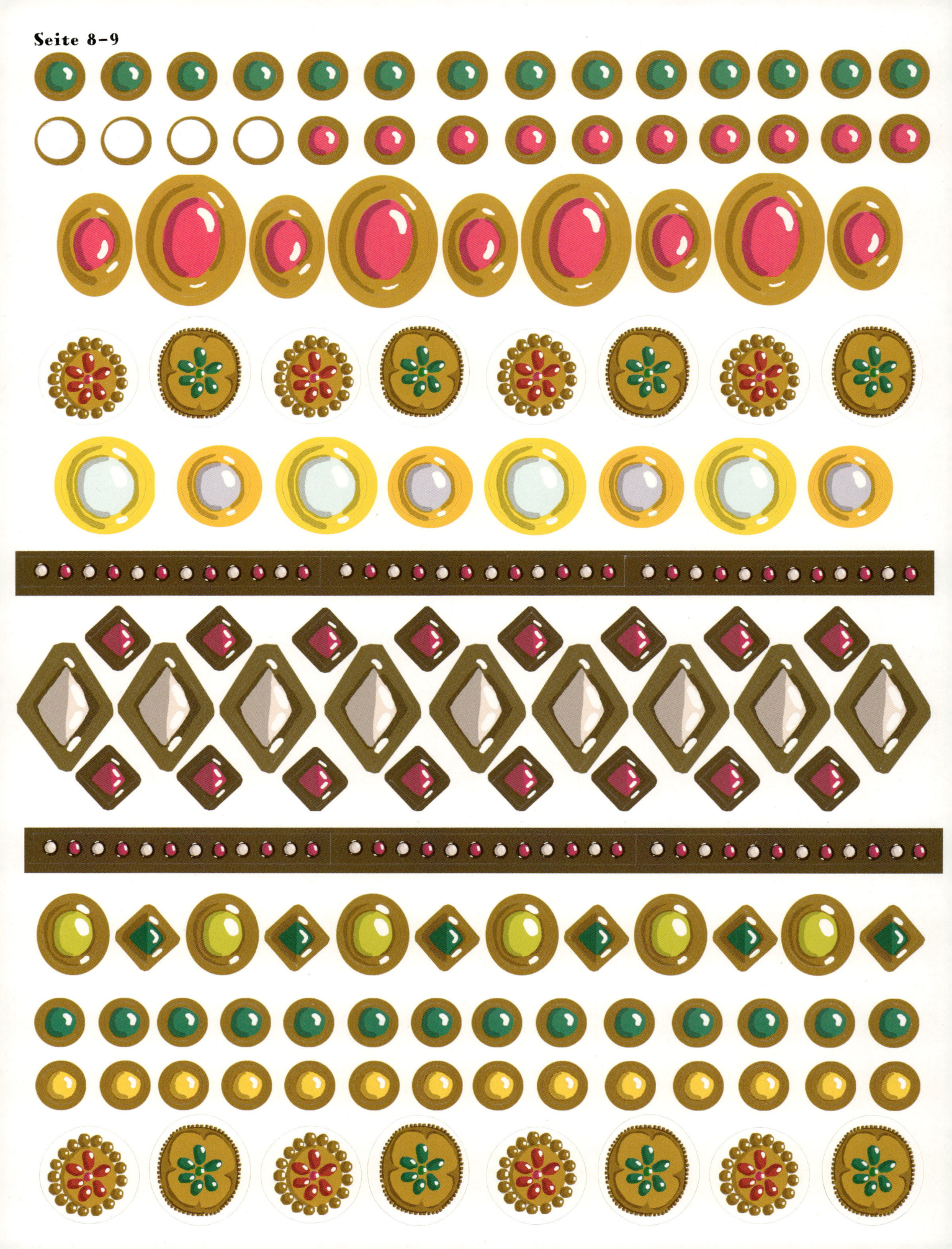

Seite 50–51

Seite 38–39

Seite 19

Seite 14-15

Seite 14-15

Seite 46–47

Seite 58–59

Seite 30-31

Seite 68–69

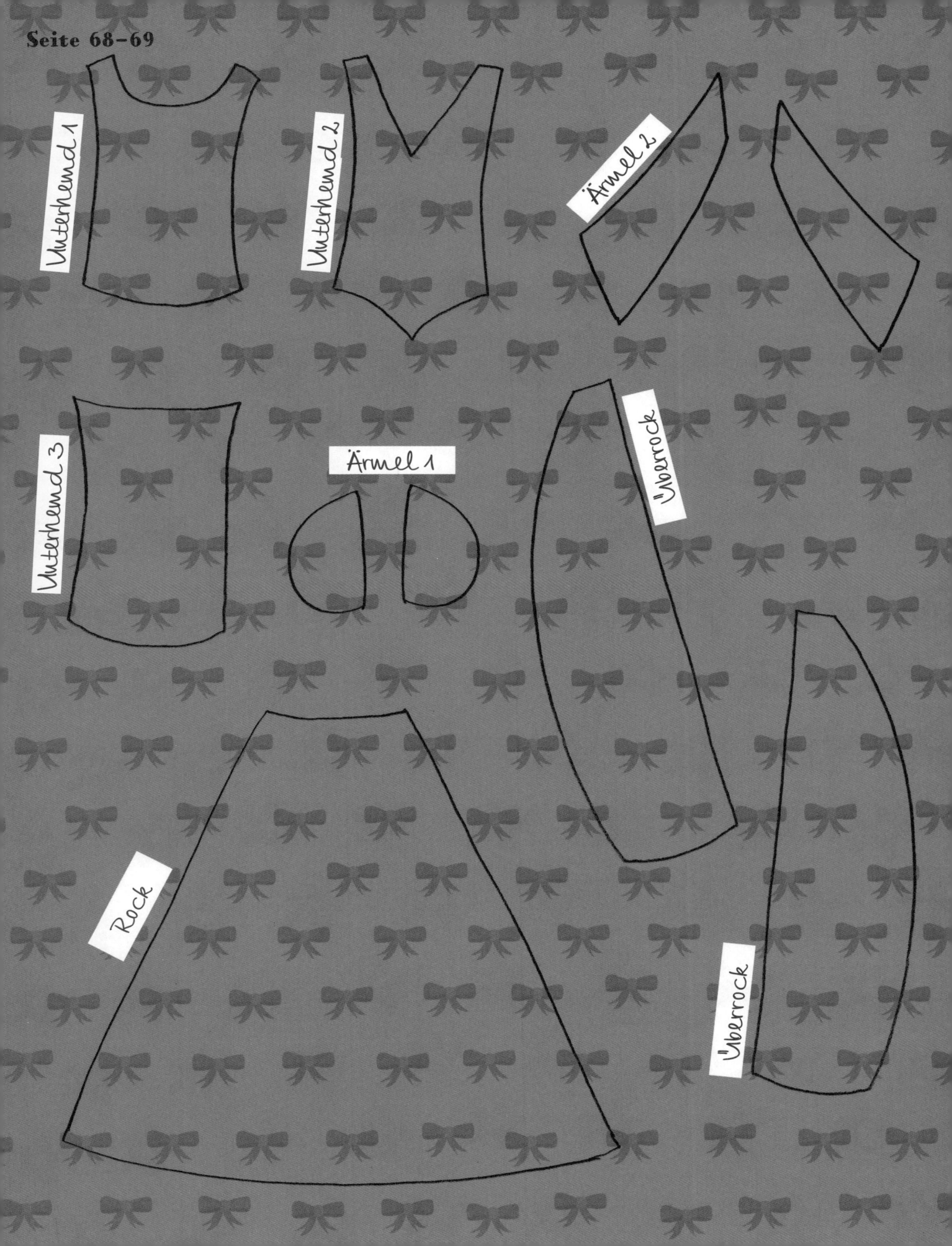

- Unterhemd 1
- Unterhemd 2
- Ärmel 2
- Unterhemd 3
- Ärmel 1
- Überrock
- Rock
- Überrock

Seite 68-69

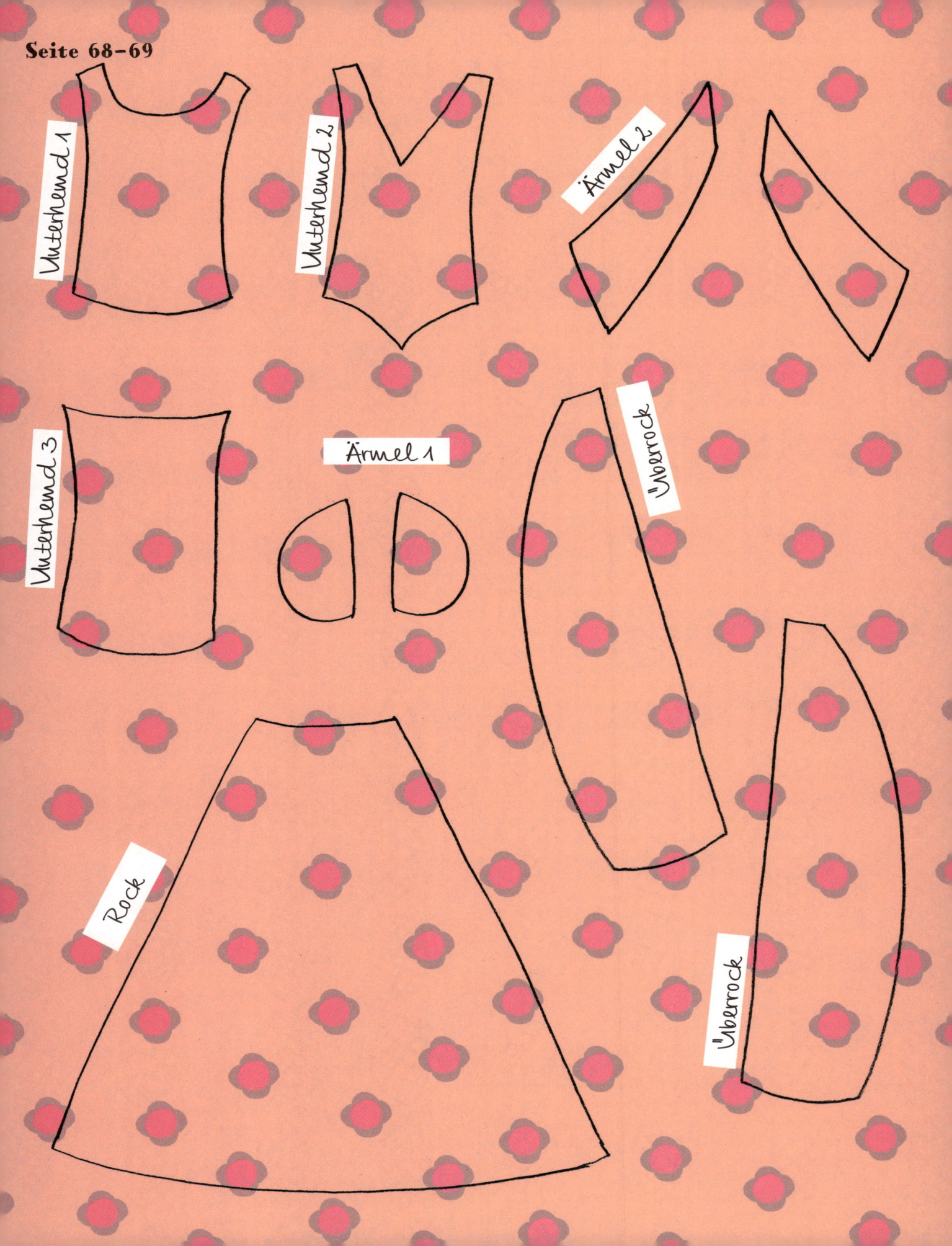

Unterhemd 1
Unterhemd 2
Ärmel 2
Unterhemd 3
Ärmel 1
Überrock
Rock
Überrock

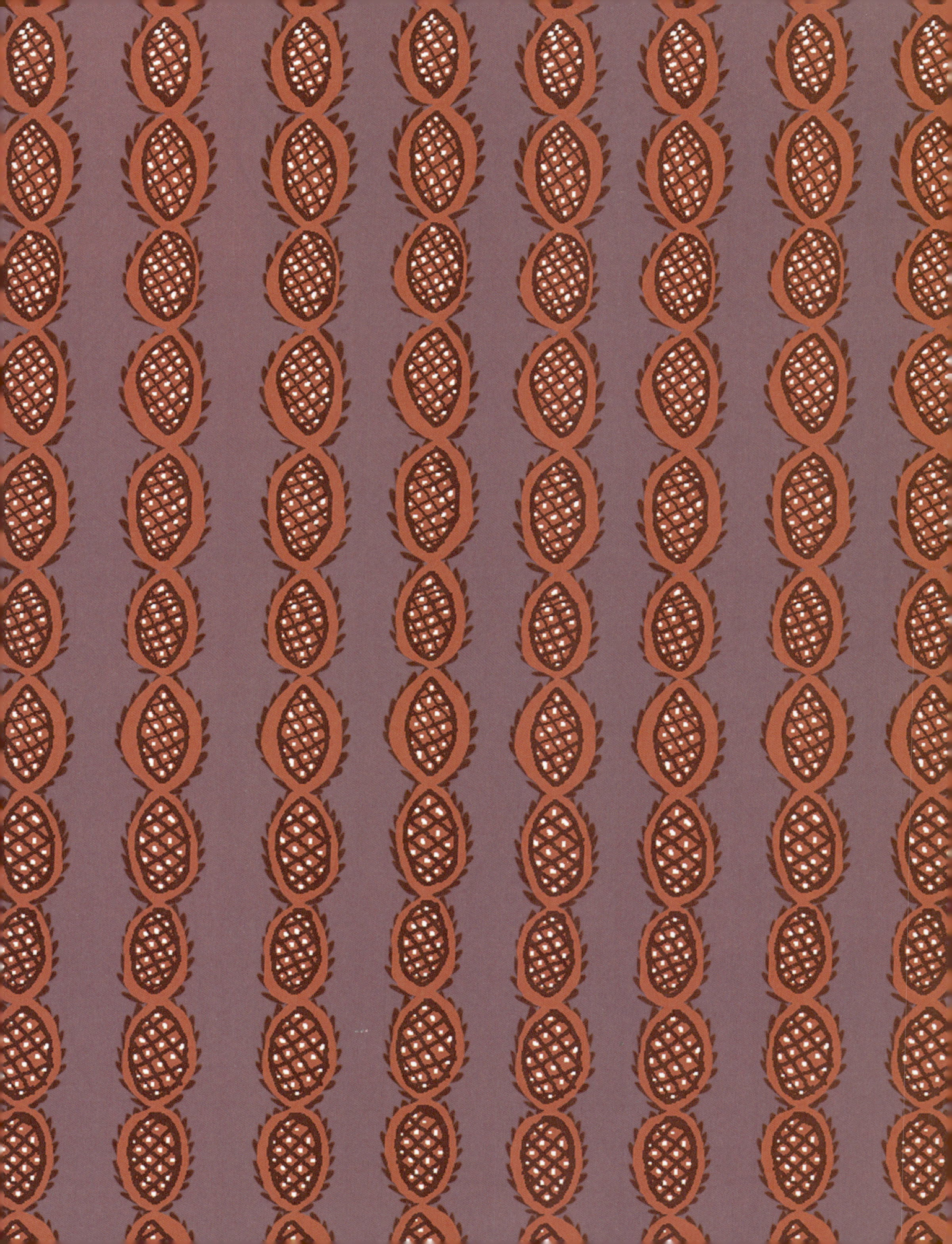